Zhongguo Wenhua
Zhishi Duben

中国文化知识读本

两朝古都杭州

主编　金开诚

编著　周俊英

吉林出版集团有限责任公司

吉林文史出版社

图书在版编目（CIP）数据

两朝古都杭州 / 周俊英编著 . —长春：吉林出版
集团有限责任公司：吉林文史出版社，2009.12（2022.1 重印）
（中国文化知识读本）
ISBN 978-7-5463-1665-9

Ⅰ.①两… Ⅱ.①周… Ⅲ.①杭州市 – 概况 Ⅳ.
①K925.51

中国版本图书馆 CIP 数据核字（2009）第 236844 号

两朝古都杭州

LIANGCHAO GUDU HANGZHOU

主编/ 金开诚 编著/周俊英
项目负责/崔博华 责任编辑/崔博华　曹恒
责任校对/刘姝君 装帧设计/曹恒
出版发行/吉林文史出版社　吉林出版集团有限责任公司
地址/长春市人民大街4646号　邮编/130021
电话/0431-86037503　传真/0431-86037589
印刷/三河市金兆印刷装订有限公司
版次/2009 年 12 月第 1 版　2022 年 1 月第 3 次印刷
开本/650mm×960mm　1/16
印张/8 字数/30千
书号/ISBN 978-7-5463-1665-9
定价/34.80元

关于《中国文化知识读本》

文化是一种社会现象，是人类物质文明和精神文明有机融合的产物；同时又是一种历史现象，是社会的历史沉积。当今世界，随着经济全球化进程的加快，人们也越来越重视本民族的文化。我们只有加强对本民族文化的继承和创新，才能更好地弘扬民族精神，增强民族凝聚力。历史经验告诉我们，任何一个民族要想屹立于世界民族之林，必须具有自尊、自信、自强的民族意识。文化是维系一个民族生存和发展的强大动力。一个民族的存在依赖文化，文化的解体就是一个民族的消亡。

随着我国综合国力的日益强大，广大民众对重塑民族自尊心和自豪感的愿望日益迫切。作为民族大家庭中的一员，将源远流长、博大精深的中国文化继承并传播给广大群众，特别是青年一代，是我们出版人义不容辞的责任。

《中国文化知识读本》是由吉林出版集团有限责任公司和吉林文史出版社组织国内知名专家学者编写的一套旨在传播中华五千年优秀传统文化，提高全民文化修养的大型知识读本。该书在深入挖掘和整理中华优秀传统文化成果的同时，结合社会发展，注入了时代精神。书中优美生动的文字、简明通俗的语言、图文并茂的形式，把中国文化中的物态文化、制度文化、行为文化、精神文化等知识要点全面展示给读者。点点滴滴的文化知识仿佛繁星，组成了灿烂辉煌的中国文化的天穹。

希望本书能为弘扬中华五千年优秀传统文化、增强各民族团结、构建社会主义和谐社会尽一份绵薄之力，也坚信我们的中华民族一定能够早日实现伟大复兴！

目录

一 历史上的杭州

杭州日出

杭州是浙江省的省会，是浙江省政治、经济、文化和交通的中心。杭州位于我国的东南沿海，地处浙江省的北部、钱塘江的北岸、京杭大运河的南端，它是我国南方重要的交通枢纽。杭州优越的自然环境加之劳动人民几千年来的大力开辟、治理和修整，使它成为举世闻名的以美景著称于世的城市。杭州之美不仅在于秀丽的风景，同时在于它有着深厚的历史文化内涵。

（一）杭州和西湖的由来

在远古时代，杭州只是一片浅海湾，而不是今天的平陆，西湖也不是内湖。

距今大约四千年前，全国分为九州，杭州属于扬州（这里的扬州不是今天江苏省的扬州市，而是指长江以南的广大水乡）。相传大禹治水成功后，要在会稽山（在今浙江绍兴）大会各路诸侯。途中经过现今杭州的所在地，曾经"舍杭登陆于此"，由水路改为陆行去会稽山。这里的"杭"就是方舟的意思，"舍杭"的意思是说离开船舶登陆。后人据此把大禹停船登陆的地方称作"禹杭"，由于"禹"和"余"音近，后来这里逐渐被人们称为"余杭"，这就是杭州的最早得名。

春秋战国时期，现在的杭州市区仍然是海潮出没的沙洲。杭州先属吴国，后属越国。332 年越国被楚国所灭，杭州于是被划入了楚国的版图。

秦始皇灭六国并最终统一中国后，在全国实行了郡县制。秦在吴越旧地设置了会稽郡，并且在今灵隐山麓设立了钱唐县治，隶属会稽郡。而钱唐县治也就是今天杭州的前身。

西汉时期，钱唐县仍然隶属于会稽郡。王莽时改名为泉亭县，东汉时又改称为钱

大禹铜像

钱塘江景色

唐县。129年，以浙江（今钱塘江）为界将会稽郡一分为二。江以北为吴郡，江以南仍称为会稽郡，钱唐县隶属吴郡。这时杭州的农田水利兴修已经初具规模，并且从宝石山到万松岭修筑了第一条海塘。西湖开始与海隔断，成为内湖。从汉朝开始，西湖被称作"钱唐湖"。

西湖风光

魏晋南北朝时期的北民南迁给江南带来了先进的生产技术与经验，促进了南方经济的发展。钱塘江两岸的经济更是抓住了这一有利时机，发展迅速。钱唐县城也沿着钱塘江向东扩展到了凤凰山麓，从此成为了一个重要的交通重镇。而这时，西湖也有了很大的变化，围绕着西湖产生了大量的传说故事。

589年隋朝设置"杭州"，杭州之名由此正式开始使用。隋唐时，西湖被称作"钱唐湖"，唐朝因为要避李唐王朝的名讳而在"唐"的旁边加上"土"，称为"钱塘湖"。中唐以后，由于李泌修六井、白居易治理西湖等原因，杭州城迅速扩展起来，而且当时的城区已经移向了西湖的东面。"杭州"和"钱塘湖"的名称都变得越来越响亮。由于钱塘湖位于杭州的城西，所以有人将其称为"西湖",并从此约定俗成,"西湖"一词逐渐取代了"钱塘湖"。

(二)吴越国的都城

907年,黄巢农民起义军的叛徒朱温废除了唐朝的皇帝,自立国号为"梁",统治黄河流域一带地区,史称"后梁"。此时,北方的统治者忙于争夺,无暇顾及南方。于是在同年,两浙军阀钱镠趁机在浙江建立了"吴越国",并建都于杭州。而此后的五十多年,我国进入到五代十国时期(五代十国指的是当时作为主体文化的梁、唐、晋、汉、周五个朝代和相继出现的前蜀、后蜀、吴、南唐、吴越、闽、楚、南汉、南平、北汉等十几个割据政权,这一段历史时期就被称为"五代十国"),吴越国就是十国之一。吴越国建都杭州是杭州历史上一个重要的发展阶段,从此,杭州开始占据重要的政治地位。

吴越国共分为13个州,杭州是其中之一,被称为"西府",又称"西都"。钱塘江两岸的浙东和浙西合并为一个政区,从而使地处钱塘江边的杭州成为了两岸的中心,杭州的地位日趋重要。钱镠建都杭州之后大兴宫室,他以凤凰山下唐代州治所在地为基础进

杭州凤凰山风光

钱王射潮雕像

行了扩建，建造"子城"，作为皇宫的所在地。子城的北面是双门，南面是通越门。宫门皆"金铺铁页"，十分富丽华贵。杭州也因此成为了一座规模宏大、城墙高厚坚实的名城。

吴越国十分重视兴修水利。钱塘江潮一直是威胁两岸人民的重大灾害，吴越国花了很大的力气来试图制伏它。910年，钱镠决定建立一条海塘以阻止潮水对杭州城的冲击。他先命人在离岸五六公尺的范围内用罗山之大木打下六层木桩，每层中间充实着装有石头的石笼和泥土，堆成泥塘。泥塘之内再筑石堤，使之牢固。这条海塘经过三个月

钱塘江潮水

的紧张劳动后顺利完工，后人称其为"钱氏捍海塘"或"钱氏石塘"以作纪念，而从此流行于民间的"钱王射潮"的故事也体现了百姓对于吴越国治理潮水的功绩的肯定。这次筑塘的创新之处在于在泥塘后面另外加上了石堤，这种筑塘的方法可以使海塘长久地挡住潮水，对保障城内人民的安全和杭州经济的发展都起到了重要的作用。钱镠还命人凿掉了江中一块名叫"罗刹石"的巨石，清除了钱塘江中的障碍，使船舶可以安全通航。海塘的修建和江中障碍的清除，保障了沿江农业的发展，也促进了吴越国海外交通的发展，意义重大。

（三）南宋都城临安

北宋时，杭州已经成为著名的"东南形胜"之地。北宋词人柳永的《望海潮》就生动地描绘了杭州的繁华之景：

东南形胜，三吴都会，钱塘自古繁华。烟柳画桥，凤帘翠幕，参差十万人家。云树绕堤沙，怒涛卷霜雪，天堑无涯。市列珠玑，户盈罗绮，竞豪奢。

重湖叠巘清嘉，有三秋桂子，十里荷花。羌管弄晴，菱歌泛夜，嬉嬉钓叟莲娃。千骑拥高牙，乘醉听箫鼓，吟赏烟霞。异日图将好景，归去凤池夸。

西湖美景

大雄寶殿

这首词咏叹了杭州湖山的美丽和城市的繁华，表达了对杭州的赞美，同时从这首词中我们也可以窥见北宋时杭州风貌之一斑。

　　1127 年，北宋王朝被南侵的金国灭亡。同年，康王赵构建立南宋王朝。1129 年，升杭州为"临安府"。1138 年，正式定临安为行都。从此，临安成为了南宋王朝 150 年的统治中心。

　　宋氏南迁的同时，大量的北民也在南迁。人口的激增增加了临安城对各种消费品的需求，而劳动力的大量涌入又满足了对具有各种技能的专门人才的要求。这些都促进了南宋临安城手工业的飞速发展。官府手工业作坊遍布于城内外，而私营手工业作坊也同样

南宋时期瓷器业发展迅速

历史上的杭州

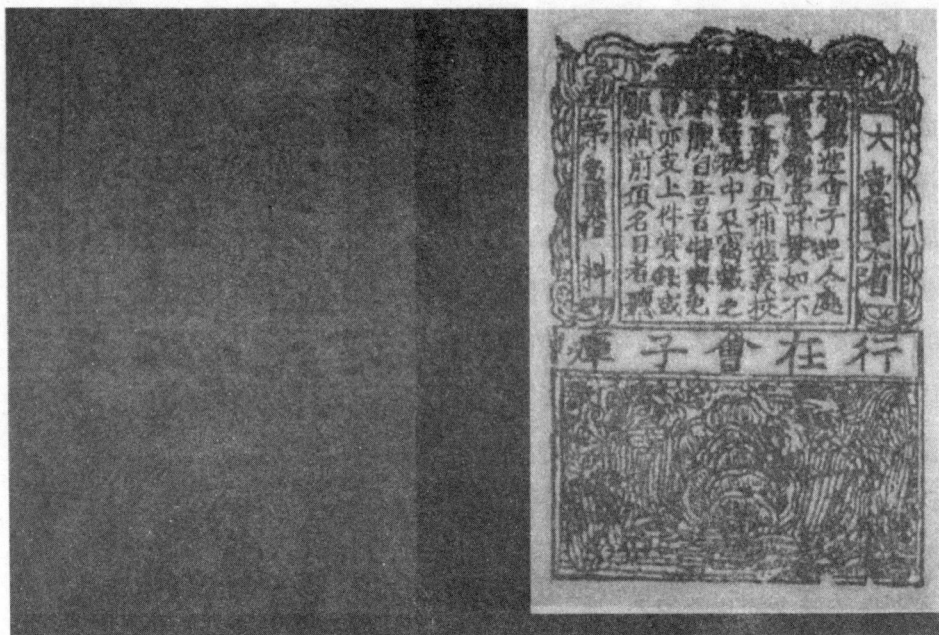

南宋"会子"铜版拓片

发达。南宋临安的手工业以丝织业、造船业、印刷业、瓷器行业以及军火工业等的发展最为显著。

作为南宋的政治中心，加之手工业的发达、人口的大量增加、江南地区农业的发展等，临安的商业也达到了空前的繁荣，成为当时全国最大、最繁华的商业城市。商业的发展催生了纸币的出现，当时的纸币被称为"会子"，纸币替代金属货币在一定程度上对城市商业的发展起了推动作用。南宋的临安夜市兴盛，在闹市区清河坊至官巷口一带"与日间无异"。皇室贵族、大官僚、天下富商聚集于此，侈靡挥霍，

夜间常到酒楼、茶坊、妓院寻欢作乐。加上百戏汇集和围观的市民，夜市于是成为了十分热闹的地方。这一切都表现了当时临安城的富丽和兴旺。

唐宋以来，西湖经过了不断的修整。到南宋时期，西湖的繁华发展到了顶点。统治者们沉湎于西湖的美景，整日吃喝作乐。而正是在这时，形成了"西湖十景"的名目。南宋时定下的这十景分别是：平湖秋月、苏堤春晓、断桥残雪、雷峰落照、南屏晚钟、曲院风荷、花港观鱼、柳浪闻莺、三潭印月、两峰插云。

杭州工艺品

历史上的杭州

杭州南屏晚钟石碑

（四）明清时期的杭州

1367年，蒙古族建立的元朝结束了对杭州历时八十年的残暴统治。明朝建立以后，废除了元代的"江浙行中书省"，在浙江地区设置了浙江布政使司，位置与今日的浙江省大致相同。杭州改为府，作为浙江的省会。

明代的杭州商业比较发达。纺织业方面，所产纺织品种类众多，质量上乘。根据《嘉靖仁和县志》卷三"物产"篇所列，杭州纺织的帛品有锦、缎、罗、蒻绒、绢、纱、绫等，布品有麻、生苎、熟苎等。其中有大量的产品销往国内其他地区，并远销国外，深受欢迎。郑和下西洋时曾随带大批的杭州丝绸，赠给所到的国家，受到了各国的好评。造船业方面，游船、湖船的制作更加精致，式样更新，海船江舰也比以前更大了。这时已有规模很大的造船工场，例如谢村造船工场有数十间厂房，每年可以打造巨型海舰五十多艘。

南宋政府曾经对西湖进行过整治，但是到了元代，统治者将西湖废而不治。明初同元朝一样，对西湖也不加修整。西湖历经百年而没有加以整治，使运河严重淤塞，下游农田也得不到湖水的灌溉，常常遭受旱情。

杭州南屏晚钟净慈寺

明代的杨孟瑛提出了治理西湖的建议，并在经过重重阻碍后最终得以付诸实践。明正德三年（1508年）修整西湖的工程正式动工，这次的整治使西湖湖面基本上恢复到唐、宋时周围三十里的旧观，这也是明朝对西湖最大规模的一次治理。

清代对杭州一带的水利比较重视，对西湖也有一定的修治，这与统治者对杭州的钟爱是分不开的。1699年康熙第二次游西湖时，亲笔为西湖十景题名，并命人建亭刻石。康熙所题的"西湖十景"的名称与南宋时所流传的次序不一，并改动了几

杭州"云栖竹径"石碑

个字。此时的十景分别是：苏堤春晓、双峰插云、柳浪闻莺、花港观鱼、曲院风荷、平湖秋月、南屏晚钟、三潭印月、雷峰夕照、断桥残雪。

清光绪二十一年（1895 年），由于中日战争的失败，清政府被迫与日本签订《马关条约》。其中规定中国向日本开放沙市、重庆、苏州、杭州四个城市为商埠。此后直到 1945

年的50年内，日本帝国主义从设立租界到全面占领，给杭州带来了无尽的灾难。

（五）从民国到如今

　　1912年杭州府被废除，仁和与钱塘两县合并为杭县，并仍作为省会的所在地。1927年设立杭州市，直属浙江省。由此，杭州被确立为市的建制。值得注意的是，当时的杭州已经出现了少数的近代工业。

杭州虎跑梦泉

历史上的杭州

武林门石碑

1937年开始，日本全面发动侵华战争。同年12月25日，日本侵略军的一个团从武林门、钱塘门进入了杭州的市区，并很快就占领了杭州全市。从此，杭州在日本侵略军的铁蹄下，被践踏了八年之久。占领杭州期间，日本侵略者对杭州人民实行了残暴的统治。而在此期间，杭州人民并没有消极忍受，而是积极地坚持抗争。1945年，日本帝国主义无条件投降。1949年5月3日杭州解放，至此，杭州才真正获得了自由和新生。

新中国成立以后，杭州发生了巨大的变化，并在建国以后的六十年间获得了重大的发展。现在的杭州不论是在教育、文化，还是在科技、经济、卫生等诸多方面都取得了令人瞩目的成果。如今的杭州，不仅是浙江省的省会，更是我国一座著名的历史文化名城，是全国重点风景旅游城市。

历史给了杭州以文化上的凝重和时间上的厚重，而优美的自然风光又给了杭州以宁静和祥和。这座美丽的城市向世人敞开着心扉，在历史的进程中不断地积淀和完善着自己。

两朝古都杭州

二 杭州的美丽传说

杭州是一座风景美丽的城市，也是一座历史悠久、文化丰富的城市。这样一座令人神往的城市有着和它一样美丽的传说和动人的故事。这些传说和故事朴实却又生动，反映了杭州人民对家乡的热爱和崇高美好的思想感情。

（一）飞来峰

传说从前四川峨眉山有一座会飞的小山峰，一会儿飞到这里，一会儿又飞到那里。最后落在了杭州的灵隐寺前，再也不飞走了。关于它为什么不再飞走，有着一个流传了很久的故事。

杭州灵隐寺有一个叫济癫的和尚，他和

杭州灵隐寺匾额

两朝古都杭州

别的和尚不同，别的和尚整日敲打木鱼和念诵经文，济癫却整日喝酒吃肉。他拿着一把破蒲扇，每日疯疯癫癫地东游西荡，不守佛门的清规戒律，因此常被人们称作"疯和尚"。

一天早上，济癫醒来时看到远处的天空飘着一块很大的乌云，径直向着灵隐寺飞来。他定睛一看，这哪是云啊，明明就是一座小山峰啊。推算起来，这座山峰午时三刻的时候会落在灵隐寺前的村子里，这下可急坏了济癫和尚。他转身朝大殿跑去，边跑边叫"不好了，有山要飞来了！"其他的和尚听到了，以为他又喝醉了在撒酒疯，只是笑笑，都没有在意。济癫和尚跑过了整个寺庙，叫得喉咙都冒烟了，还是没有人理会他。于是他急忙跑到了寺外，把这个消息告诉给乡亲百姓。结果可想而知，众人都以为是他喝醉了在说疯话。济癫和尚心里万分着急，无奈一时又想不出什么好办法。他索性靠在树上，闭目养神，在心里继续想着办法。

正在这时，他听到了娶亲办喜事的唢呐声，这回他有办法了。济癫和尚推开众人，冲到堂前，背起新娘子就向村外跑去。他这一跑，全村的百姓都急了。不管男女老少都一起冲出村子追和尚，他们有的拿着扁担，有的扛着棍子，有的举着锄头，全都追着和

杭州灵鹫峰佛窟造像

两朝古都杭州

尚。济癫和尚心里乐了，一下子跑出去一两里路，人们也追着他跑了这么远。忽然，他放下了新娘子不跑了，自己坐到了地上开始扇他的破蒲扇。大家正要上前抓住他，不料霎时间天昏地暗，飞沙走石。伴着一声巨响，大家发现自己原来住的村子已经被一座小山峰压住了。这时众人才明白了济癫和尚的良苦用心。可是村子被压在了山下，大家都无家可归了，于是都望着济癫和尚。济癫和尚说："这座山峰既然能从别的地方飞来，可能还会飞到别处去害人。我们叫它来得了走不了。现在就到山上凿五百个石罗汉，把山震住，你们看怎么样？"大家听了觉得很有

灵隐寺灵鹫峰佛窟造像

杭州的美丽传说

道理，都同意和尚的意见。只见和尚脱下了穿在身上的袈裟，抖了十六下，抖出了凿子、锤子一大堆。大家拿着工具上了山，由于齐心协力，仅一天一夜就凿好了五百个石罗汉。济癫和尚发现这些石罗汉都没有眼睛眉毛，于是伸出手来，用指甲给石罗汉划出了眉毛，用指头给他们抹出了眼睛。不到半天的工夫，五百个石罗汉都有了眉毛和眼睛，活灵活现。

杭州飞来峰石刻

从此，这座山峰再也飞不走了，人们给它起了个名字叫做"飞来峰"。据说济癫和尚后来腾云驾雾飞走了，大家再也没有见过他。

（二）金牛湖

从前，西湖叫做金牛湖。

那个时侯，湖里是一片白茫茫的水，四周是黑油油的土地。百姓靠着湖过日子，庄稼全靠湖水灌溉，农闲时人们还会到湖上打鱼。传说湖底住着一头金牛，遇到久旱不下雨的时候就会出现，远远地可以看见它的背脊和头以及双角。它的嘴巴一张，吐出儿大口水，湖水就又变满了。不过这只是传说，从未有人亲见过。

杭州西湖别名金牛湖

　　有一年夏天，81 天没有下雨了，连湖的底部都露出来了。四周的土地更是不用说了，秧苗全都枯黄了。一天早晨，大家正在湖边唉声叹气时，突然听到"哞"的一声，只见一头金灿灿的牛从湖底破土而出。它摇摇头、晃晃尾，咕噜咕噜地吐了几口水，霎时间湖里的水就又满了。老百姓高兴得都流出了泪水，他们心里都非常感激金牛。

　　这件事很快就传开了，地保传给了衙役，衙役又报告给了钱塘县官。县官听到这个消息后真是乐坏了，他心想着这样的宝物如果献给了皇上，自己一定可以升官发财的。于是赶紧吩咐手下的人去捉金牛。衙役和地保跑到湖边时，只看到了白茫茫的湖水，哪有什么金牛啊。他们问附近的百姓，大家一看到是衙门的人，就都推说自己没看见什么金牛。衙役们没有办法，只得回去报告县官。县官非常生气，眼睛一转，一下子想到一个坏主意。他对手下人说："既然如此，去把百姓都叫来，让他们把湖水车干。谁敢不来就斩了！"在县官的威逼下，住在湖边的男女老少都被拉来车湖水。一连车了81天，湖水干了。大家果然看到金牛卧在湖底，它身上金光四射。县官大喜，急忙吩咐衙役下湖去把金牛搬上来。可是金牛掀也掀不起，

杭州西湖美景

杭州的美丽传说

杭州西湖美景

抬也抬不动，百姓都暗自高兴。县官一看搬不动，就对百姓说："谁能抬起金牛，赏白银三百两！"可是，百姓都站着不动。县官大吼："今天如果不把金牛抬起来，就将你们统统杀头！"他的话刚说完，金牛大吼了一声，霎时地动山摇，飞沙走石。只见它站了起来，仰天长啸了一声，从口中吐出一股巨大的水花，把县官和衙役们都卷入了湖底。立刻，湖中的水又满了，而且从此再也没有干过。

湖水满了，金牛也不再出现了。人们为了纪念金牛，在湖边城墙上筑起了一座高高的城楼，城门正对着湖心金牛吐水的地方。

杭州涌金门石碑

而这座城楼就是后来的"涌金门"。

（三）玉泉

在仙姑山北的清涟寺里有一口长方形的水池，叫做"玉泉"。玉泉里的水特别清亮。关于玉泉的来历，有这样一个传说。

从前，钱塘江口有一条叫做"天开河"的深不见底的地沟。天开河里住着一条草龙，草龙可以翻江倒海、腾云驾雾，有很大的本领。但是它很天真，不谙世事，整日和鱼虾们嬉戏玩耍。有一天，一只官船押着两只驳船从钱塘江口经过。官船鸣锣喝道，威武神气，驳船上却是一片哭声。草龙感到很奇怪，打听后才得知原来是人间的皇

杭州玉泉雪景

帝派官员捉老百姓到京城去做苦工。草龙十分气愤，它把尾巴一甩，一个大浪就把官船给打得粉碎，救下了驳船上的百姓。草龙不想就此罢休，他觉得应该去把皇帝也给收拾了，于是驾着乌云向京城飞去。皇帝正在宫廷里饮酒作乐，突然间天色大变，狂风大作，只见草龙气势汹汹地闯了进来。大家都惊得目瞪口呆，一个胆大的侍卫拉开弹弓朝草龙打了一颗弹丸。这一弹丸正中草龙的右眼，痛得它一声大吼，扭过头来用尾巴扫掉了宫殿的一角便飞走了。

当时，清涟寺里住着一个会看病的医术

高超的老和尚，草龙于是变成了一个粗黑的大汉上门求医。老和尚看到大汉外形古怪，心里很怀疑。以不给他医治为要挟，要求草龙说出自己的真实来历。草龙怕老和尚真的不给自己医伤，就原原本本地把事情的经过说了出来。最后还说："等你把我的眼睛医好了，我就去报仇！"老和尚听后大吃一惊，他暗想：这寺院就是皇上给造的，我享的福都是皇上给带来的，它要去伤害皇上，那就影响了我的利益啊！老和尚立刻心生一计，假意向草龙笑道："要我医好你的眼睛不难，不过你拿什么

来谢我呢？"草龙没有犹豫："只要你能医治好我的眼睛，你要什么奇珍异宝我都给你！"老和尚说："奇珍异宝我不要。这寺院缺水，你就先替我钻个泉眼吧！"钻泉眼对草龙来说可谓是小菜一碟，它便答应了下来。老和尚选定了一块地方，草龙就一个跟斗钻进泥土里去，清清的泉水便从洞口涌上来了。草龙越钻越深，水也就越涌越大，很快就汇成了一口大池。这时老和尚急忙将一座石塔移过来，在泉眼当中一横，把草龙压在了地下。

杭州孤山景观

草龙上了老和尚的当，被压在地下再也出不来了。钻出的那个泉眼，由于泉水清澈得像碧玉一样，被人们称作"玉泉"。玉泉附近还有两个水池，一个叫"珍珠泉"，一个叫"晴空喜雨泉"。据说草龙的头伏在珍珠泉下面，地面上一有震动，草龙在地下舒舒气，水面上就冒出许多小气泡。晴空喜雨泉下盘着草龙的尾巴，因此在大晴天时，上面总是雾蒙蒙的。

（四）超山梅花

传说超山的梅花在很久很久以前就已经闻名天下，连天上的神仙也想到这里来

娇艳欲滴的超山梅花

看一看。一年春天，有一个石笋仙子来到超山赏花。可是她从山顶走到山脚，从田野走到村庄，却没有看到一株梅树。这时，迎面走来一位白发苍苍的老人，石笋仙子忙上前询问为什么这里连一株梅树也看不到。老人看到这个女孩面容比较陌生，想必是外地来的游客，不了解情况，便把事情的经过如实地讲给她听。

去年冬天，天冷得出奇，就连东海的海面上也结了厚厚的冰。住在海里的黑龙十兄弟被冻得瑟瑟发抖，于是它们离开了龙宫，转入人间来避寒。路过超山时，发现山的南面有个又大又深的洞，里面温暖如春，便在此处住了下来。可是这样一来，附近的百姓可遭了殃。黑龙们经常飞出来抢牛、羊等牲畜，并伤害百姓。转眼春天到了，天气回暖，它们却不想回去了。看到梅花开放，更是高兴得不肯离开。它们全然不爱惜梅树，只是折啊攀啊的，翻身打滚，伤害了大量的梅树。最后，还把剩下的十株古老的梅树连根拔起，搬进了洞里。四

超山雪梅

超山梅树
蓝天掩映下的超山白梅

周的百姓本来都是靠着出产的梅子过活的，可现在梅树都被毁了，家家户户眼看着就要断粮了。

石笋仙子听到后，心里很气愤。她发誓要为民除害，并救出那十株梅树。她独自背着宝剑跑到洞口，大声地责问黑龙十兄弟："你们为什么要残害百姓，霸占梅树？"黑龙们见来人是个女子，根本没把她放在心上，继续放肆作乐。石笋仙子看到它们不知悔改，便挥起宝剑刺了过去。黑龙们也个个张牙舞爪，朝石笋仙子扑了过来。这一仗打了好久，从洞里到洞外，从超山顶到塘栖上空，从塘栖到临平，从临平到杭州，再从杭州打回超山。转眼四个月过去了，到了六月初，仍然难分胜败。这一天，黑龙们又围住了石笋仙子。十条龙分成了五路，一路飞在天上，另外四路分东南西北四个方向夹攻。石笋仙子就要抵挡不住了，她灵机一动，故意装败跳出黑龙们的包围。她飞到山顶后，摇身一变，变成了一株直插云霄、无比锋利的石笋。黑龙们紧跟着追过来，等赶到山顶上空时，才发现石笋仙子不见了。它们东寻西找，乱飞乱窜。飞过山顶时，一不小心都被石笋的尖端戳穿了肚皮，五脏六腑都流了出来。很快，它们就跌落到了杭州六和塔附近，断了气。只有一条黑

"超山观梅"石刻

龙十分机警，看到弟兄们飞腾时的模样不对，再仔细一看，发现它们都跌落下去了，于是立刻回头，逃回了东海。

石笋仙子在刺死第九条龙后，一不小心扭断了腰。她忍着疼痛，赶到六和塔边，把九条龙的头斩了下来。斩下的龙头后来变成了九个小山包，这地方就叫做"九龙头"了。斩完了龙头，石笋仙子又赶到山洞，准备把梅树迁移出来。可是由于受了重伤，她早已精疲力竭了。这时，石笋仙子看到树上已经结出了圆滚滚的青梅，就将它们一颗颗地摘下。可是一不小心，手指被划破了，鲜血直流。她不顾这些，使出全身力气飞到山顶，将一

超山十里梅海

两朝古都杭州

颗颗青梅撒向山的四周。撒完了最后一颗青梅，她也闭上了眼睛，倒在了地上。相传，现在超山山顶上的一大段石笋就是她的遗体。

石笋仙子撒下的梅子很快就生了根、发了芽、开了花、结了果。从此超山一带也就又有了梅树，后来被称为"十里梅海"。有一种梅树开的花是红艳艳的，特别好看，据说就是当年被石笋仙子的鲜血染红的。

（五）石人岭

在很早很早以前，杭州是一片干涸的海滩。周围几十里内见不到一条小河，也找不到一条小溪。住在这里的老百姓，每天都要担着水桶去很远的地方挑水。他们为水的问题日夜发愁，整日不开心。

灵隐寺后山里有股清泉，但是被一道很厚的石壁挡住了，所以水流不出来。多少年来，有很多人上山想把石壁凿穿，可是都没有成功。慢慢的，知道这件事的人也越来越少了。后村有个叫水儿的小伙子，从小没爹没娘，是爷爷把他拉扯大的。从 6 岁起，他就跟着爷爷一起去挑水，已经整整挑了十五

石人岭晨光

石人岭日出

年了。水儿 20 岁生日那天，爷爷下了一大锅面。吃了面，爷爷对水儿说："你已经 20 岁了，应该为乡邻们做一点事了。"于是将灵隐后山有清泉的事一五一十地讲给了水儿听。水儿听了很高兴，赶忙把平时几个要好的伙伴都叫来，大家商量着一道上山去凿石壁，一定要让这股清泉流进自己的家乡。爷爷见水儿他们这么有志气，高兴地掉下了眼泪。连夜为他们准备了干粮，好让他们明天一早就可以上山。

第二天，水儿他们一行十个人带着铁锤、凿子准备上山。临走前，爷爷对小伙子们说：

"你们去凿石壁，要一口气凿下去。如果停下来，它又会长成原来的模样，那就白费力气了。还有，当石壁凿穿的时候，会有一股石浆喷出，石浆如果喷到了身上就会将人凝成石头。你们千万要记住，一定要当心！"水儿他们满口答应，上山去了。

他们到了山上，马上开始动手凿石壁。从清明到端阳，凿子换了几把，双手都磨出了血泡，可是石壁还是没有凿穿。有几个小伙子打起了退堂鼓，说："也许是爷爷记错地方了，这里哪会有什么清泉，我们还是回去用水桶挑水吧！"说完就回去了。剩下水儿他们几个，又从端阳凿到了中秋，凿子又

石人岭风光

两朝古都杭州

换了好几把，手上都结满了厚茧，可是石壁仍然没有凿穿。又有几个小伙子沉不住气了，说："一口气凿到底，谁知道要凿到什么时候啊，也该回家里看看了！"说着也回去了。转眼秋去冬来，只剩下水儿他们很少的几个人。但是他们一口气也没有放松，继续不停地凿着。一直凿到了第二年的春天，石壁已经凿进去很深了。这一天是三月三，水儿突然听见石壁那边有汩汩的响声。他把耳朵贴近石壁一听，不由得惊叫了起来："这是泉水流动的声音啊，我们就要成功了！"大家也都高兴地跳起来了。水儿回过头对伙伴们说："你们快点走开，石浆应该就要喷出来了。"眼看着泉水就要流出来了，大伙谁也舍不得离开。水儿只得大叫："你们再不跑开，我就停下来不凿了！"大家听他这么说，怕他真的停下来，前功尽弃，于是就四散着跑开了。这时，水儿打下了最后的一锤。只听"轰隆"一声巨响，石浆喷了出来。水儿来不及闪开，凝成了一个三丈多高的石人。

水儿变成的石人立在高高的石壁上，手里捧着一股清泉。泉水顺着他的指缝汩

石人岭风光

石人岭上的巨石

泻地流下来，流过村子，灌在海滩边的一块洼地里，洼地被灌得满满的，这块洼地就成为了后来的西湖。从此，这块地方再也不愁没有水了。水儿和伙伴们凿过的那座山，后来就被称作"石人岭"。

三 文人墨客与杭州

白居易与杭州有着不解之缘

　　杭州自古以来就是人们游山玩水的理想胜地，它以怡人的风景吸引着四面八方的游客。而我国古代的文人墨客对杭州更是情有独钟，在这里，他们可以忘记尘世的繁杂，寄情山水，在山水间寻找着片刻的宁静。他们在欣赏湖光山色的同时，也构建着自己那不为外界烦扰的精神家园。

（一）白居易与杭州

白居易（772—846 年），字乐天，号香山居士，他是唐代杰出的现实主义诗人。他生逢安史之乱之后，处在唐朝由盛世走向衰落之际。可以说，白居易是在乱世中成长的。少年时期，他曾经流落江南。800 年，29 岁的白居易再次来到江南并游历了杭州。白居易自幼致力于仕途，一直想着可以博取功名。在他到杭州时，曾经有过想在杭州做官的打算。他后来在诗中有过回忆：

昔予贞元末，羁旅曾游此。

甚觉太守尊，亦谙鱼酒美。

因生江海兴，每羡沧浪水。

——《长庆二年七月自中书舍人出守杭州，路次蓝溪作》

37 岁那年，白居易担任左拾遗官，服务于朝廷。但是他由于刚正不阿，总是受到排挤和打击。于是决定"要求外任"，离开京城长安。822 年 7 月 14 日，51 岁的白居易得到了任杭州刺史的诏命，他以欢愉的心情来到了杭州。

扬鞭策车马，挥手辞亲故。

我生本无乡，心安是归处。

白居易像

文人墨客与杭州

——《初出城留别》

白公堤石幢

白居易在杭州期间，做了很多有益于百姓的事。其中最重要的一项就是组织修筑了白公堤，又名捍湖堤。白公堤从钱塘门口石函桥起，自余杭门止，将西湖分割为二。堤的西面是上湖（今西湖），东面是下湖（今成为市区的一部分）。湖水尽量存蓄在上湖，以保证杭州以东以及以北的良田的灌溉。

白居易在公务闲暇之余，喜欢饱览杭州的湖光山色，他常常骑马游览美景。而绮丽多姿的杭州风光也为他提供了丰富的诗歌创作的题材。这期间产生了众多的名篇，至今仍脍炙人口。

白居易《钱塘湖春行》

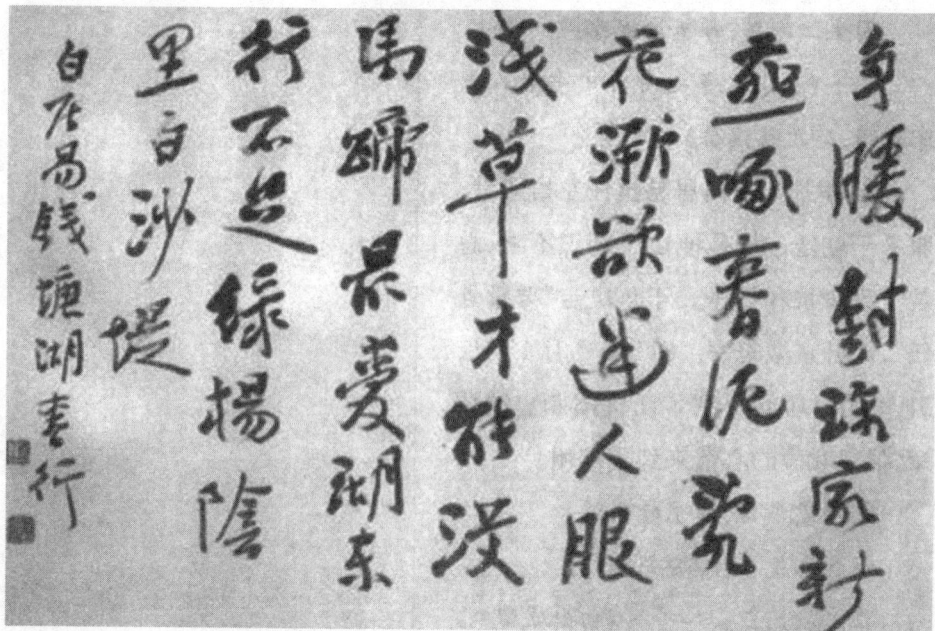

两朝古都杭州

052

西湖白公堤

　　《钱塘湖春行》紧扣环境和季节的特征，把刚刚披上春天外衣的西湖描绘得生意盎然，恰到好处。

　　孤山寺北贾亭西，水面初平云脚低。

　　几处早莺争暖树，谁家新燕啄春泥。

　　乱花渐欲迷人眼，浅草才能没马蹄。

　　最爱湖东行不足，绿杨阴里白沙堤。

　　《夜归》向我们描绘的是西湖之夜，我们仿佛可以感觉到眼前呈现出一幕西湖夜景。而诗人在欣赏夜景时的欢愉和欣喜之情也跃然纸上，使读者产生强烈的共鸣。

　　半醉闲行湖岸东，马鞭敲镫缤珑璁。

　　万株松树青山上，千里沙堤明月中。

钱塘江潮水

楼角渐移当路影，潮头欲过满江风。

归来未放笙歌散，画戟门开蜡烛红。

《潮》向我们描绘了钱塘江的潮水，作者在这里借潮水抒发了对人生、对政事的感想，令人回味无穷。

早潮才落晚潮来，一月周流六十回。

不独光阴朝复暮，杭州老去被潮催。

《春题湖上》向我们描绘了西湖的春天，这是一首著名的西湖春景诗。结构曲折委婉，别有情致。读这首诗时，我们的头脑中会不自觉地呈现出一幅美丽的西湖春景图。

湖上春来如画图，乱峰围绕水平铺。

松排山面千重翠，月点波心一颗珠。

白居易故居风景

碧毯线头抽早稻，青罗裙带展新蒲。

未能抛得杭州去，一半勾留是此湖。

"皇恩只许住三年"（《西湖留别》），三年刺史任满，白居易依依不舍地离开了杭州。由于他心系杭州百姓，为人民做了很多好事，百姓也都十分爱戴他。而对杭州和西湖有着深厚感情的白居易，在离开杭州之后，也长久地怀念着那里的山山水水。在著名的《忆江南》中，诗人流露了对杭州和西湖深切而又真挚的喜爱和怀念之情。

江南好，风景旧曾谙。日出江花红胜火，春来江水绿如蓝，能不忆江南。

江南忆，最忆是杭州。山寺月中寻桂子，

文人墨客与杭州

苏轼曾在杭州任官

郡亭枕上看潮头，何日更重游？

（二）苏轼与杭州

苏轼（1037—1101 年），字子瞻，号东坡居士，他是北宋时期著名的文学家。苏轼生当北宋中期，当时阶级、民族矛盾激烈，国家机构庞大，财政空虚，社会面临着严重的危机。他一踏上政治舞台，就遇上了改革与反对改革的斗争。开始的时候，苏轼反对时任宰相的王安石提出的变法主张，从而被贬至杭州任通判。在杭州就任期间，他看到了新法给百姓带来的好处，认识到了变法的合理性。于是当以司马光等为代表的反对变法的顽固派上台执政时，苏轼又同他们唱起了对台戏。结果，苏轼又被贬逐到杭州，出任杭州知州。由此我们也可以看出，苏轼虽然在政治上有过保守的倾向，但是他不是一个谄媚权贵的政客，而是一个可以坚持原则的正直的人。

"御茶"石刻

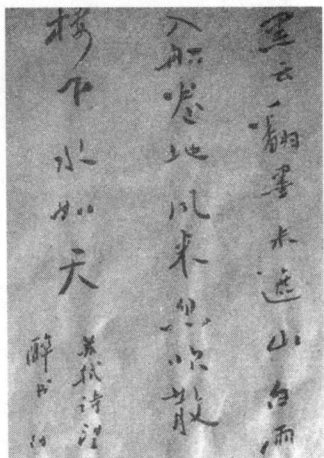

《六月二十七日望湖楼醉书》

苏轼两次担任杭州的地方长官，他自己曾说："居杭积五岁，自忆本杭人。"他为杭州人民做了很多的实事和好事，深得百姓的爱戴。而不少出自他之手的吟咏杭州西湖的诗篇也都相当精妙，为后人所广泛传诵。苏轼平生以白居易自比，"出处依稀似乐天，敢将衰朽较前贤"（《去杭州》）。苏、白二人在我国的文学史上都占据着相当重要的地位，而二者在出任杭州的地方长官时，也都作出了各自的贡献。诗坛上的两颗明星相互辉映，西子湖畔的两位故人也同为杭州人民所怀念。

苏轼在杭州最出名的一件善政就是对西湖进行了全面的治理。杭州人民肯定了苏轼的政绩，在他还在世时，就已经给他建立起生祠。苏轼的政绩一直为杭州人民所称颂，而他所写的关于杭州的名篇名句更是令世人心生对杭州的喜爱之情。苏诗多样的风格和精妙的表达令众人赞叹不已，而杭州的美景在他的笔下也变得愈加的出众而怡人。

《六月二十七日望湖楼醉书》向我们展示了一幅"西湖骤雨图"，西湖在忽然之间的风雨变幻被诗人很好地捕捉了下来。

黑云翻墨未遮山，白雨跳珠乱入船。

卷地风来忽吹散，望湖楼下水如天。

《望海楼晚景五绝》向我们描绘了钱塘潮的迅疾和汹涌，生动逼真，内容简洁明快，气势锐利逼人。

海上涛头一线来，楼前指顾雪成堆。

从今潮上君须上，更看银山二十回。

苏轼上任后对西湖进行了全面治理

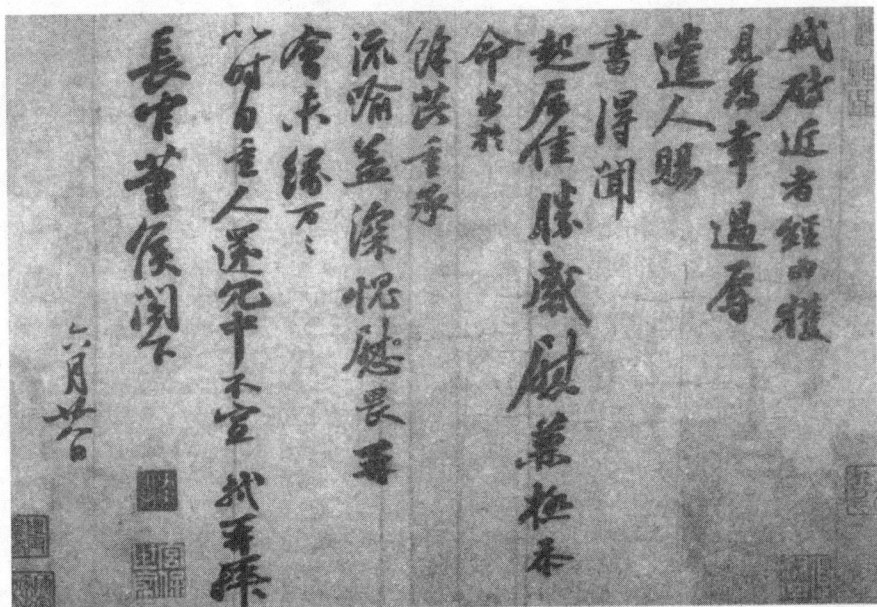
苏轼书法作品

同是描写钱塘江潮的《观浙江涛》更是气势雄伟豪放，成为了千古名篇。

八月十八潮，壮观天下无。

鲲鹏水击三千里，组练长驱十万夫。

红旗青盖互明灭，黑沙白浪相吞屠。

人生会合古难必，此景此行那两得。

《立秋祷雨宿灵隐寺》中，作者将自己的心情和感觉同灵隐寺的景致很好地结合在了一起，感情深沉而又令人回味无穷。

百重堆案掣身闲，一叶秋声对榻眠。

床下雪霜侵户月，枕中琴筑落阶泉。

崎岖世味尝应遍，寂寞山栖老渐便。

惟有悯农心尚在，起瞻云汉更茫然。

苏轼留恋杭州和西湖，热爱杭州和西湖。而西湖的风光在他的笔下也变得更加不同凡响和真切感人。在《饮湖上初晴后雨》中，美丽的西湖被作者比喻成了绝美的西施。也正是由于这首诗的广为传颂，西湖得以名扬四海。

水光潋滟晴方好，山色空蒙雨亦奇。

欲把西湖比西子，淡妆浓抹总相宜。

(三)林逋与杭州

林逋（967—1028 年），字君复，他是北宋初年著名的隐逸诗人。他生性恬淡好古而又不趋荣利，早年曾漫游江淮，40

林逋曾在孤山隐居

岁以后隐居杭州，结庐西湖孤山。他终身未娶，在梅林间与鹤和鹿为伴，过着简单而又惬意的生活。至今在杭州民间还流传着他"梅妻鹤子鹿家人"的佳话。

林逋像

话说林逋不满当时朝廷的腐败，不愿意做官，而是一心想找个中意的地方安度晚年。一日，他来到杭州西湖，看到孤山四面环水，竹青松翠，便在这里搭了间茅屋，决定在此安家。刚到这里时，他对着青山绿水，感到耳目清新。独自一人饮酒吟诗的生活给他带来了极大的乐趣。可是日子一长，他就渐渐感到了孤独和寂寞，于是他从猎户手里买来了一只丹顶白鹤和一只小花鹿与他作伴。他给白鹤取名叫"鸣皋"，并为它在山脚旁造了一座亭子。每天清早，他把白鹤放出亭子，拍拍它雪白的羽毛，说："鸣皋鸣皋，志冲九霄！"而白鹤也好像真的能听懂他的话似的，一声鸣叫后就扑扇着翅膀向天空飞去。林逋让小鹿自由自在地在山坡上跳跃奔跑，并把它看做是自己的家人。

有一天，林逋的一个朋友前来拜访他。好不容易找到了茅屋，却发现他不在家。原来林逋一早出去游湖了，还没有回来。

这位朋友只得一边沿着山径散步，一边等林逋回来。走到亭子处时，忽然看见一只白鹤腾空而起，直上云天。这位朋友正惊得出神，就听到了身后林逋的笑声。林逋指着天上的白鹤说："鸣皋冲霄，就知道有贵客临门，原来是故人啊！"朋友也觉得很有意思，林逋又把小鹿从后山坡唤来，其乐融融。这位朋友说："你跟鹤鹿作伴，倒也很有趣。可是你不是很喜欢梅花吗，如果在这里再种上些梅花，岂不是更好吗？"林逋觉得朋友的话很有道理，于是就在亭边屋后种植了三百多株各样的梅树。第二年，出现了一片碧绿的梅林。而梅花盛开时，更是为孤山增添了

西湖孤山

一份美丽的景色。林逋隐居于此，仿佛置身于世外桃源之中。于是他决定再也不离开，在这里直至终老。

林逋的许多诗画都是在梅林中创作的。有一次他画完"梅林归鹤图"，太阳已经西斜。他站起身来，正想收拾东西回屋，忽然一阵晚风吹来，扑面送来一阵令人心旷神怡的梅花的幽香。只见红梅倒映在清冽的湖面上，疏疏落落，别有一种苍劲和优雅的感觉。此情此景激发了他的诗性，于是他大笔一挥，在刚刚作好的画上题了一首诗。这首诗就是著名的《山园小梅》，它历来都被认为是咏梅的名篇，深受世人

红梅绽放

杭州孤山放鹤亭雪景

两朝古都杭州

的喜爱。

众芳摇落独暄妍，占尽风情向小园。

疏影横斜水清浅，暗香浮动月黄昏。

霜禽欲下先偷眼，粉蝶如知合断魂。

幸有微吟可相狎，不须檀板共金樽。

全诗虚实相间，鲜明地表现出了梅花的气质风韵，神形兼备，生动传神。这首诗借吟咏梅品的幽独超逸，也表达了诗人自己幽居隐逸的乐趣。其中的"疏影横斜水清浅，暗香浮动月黄昏"两句更被后人认为是千古名句。

杭州孤山放鹤亭

林逋死后，被葬在孤山北边的山脚下。而那只丹顶白鹤在绕着他的墓地叫了三天三夜之后也伤心地死去。后来人们将养鹤的亭子进行了重建，并取名为"放鹤亭"。林逋隐居西湖孤山有二十多年，眼前只有一片梅海，身边只有鹤和鹿与他为伴。又因为他一生酷爱梅花，晚年的诗画多数也都是在描绘梅花。因此大家就说他是以梅为妻，以鹤为子，以鹿为家人。"梅妻鹤子鹿家人"的故事就这样流传了下来。

（四）其他与杭州有关的诗词

钱塘江畔是谁家，江上女儿全胜花。

远观西湖雷峰塔

吴王在时不得出，今日公然来浣纱。

唐代诗人王昌龄的这首《浣纱女》赞美了钱塘女儿的美丽，也表达了她们浣纱时的喜悦心情。援引吴王的例子，还使作品在赞美钱塘女儿的同时，讽刺了历代荒淫的统治者，丰富了作品的内容和主题。

天容水色西湖好，云物俱鲜。鸥鹭闲眠，应惯寻常听管弦。

风清月白偏宜夜，一片琼田。谁羡骖鸾，人在舟中便是仙。

西湖十景之"三潭印月"石碑亭

　　北宋文学家欧阳修的《采桑子》一词向我们描绘了西湖的天光水色，着意刻画了一幅如幻如梦的西湖夜景图。表达了作者对大自然和现实人生的热爱和眷恋，也表现了欧阳修晚年旷达和乐观的人生态度。

　　一泓清可沁诗脾，冷暖年来只自知。

　　流出西湖载歌舞，回头不似在山时。

　　北宋诗人林稹的这首《冷泉亭》是一首咏物的寓言诗。通过写清泉在深山时冷暖自知，一旦流入西湖载着歌舞楼船之后却不再

杭州西湖风光

清美单纯这种变化，揭示了事物可能随着环境的不同而逐渐改变的道理。

八十未满七十余，山巅水涯一丈夫。

长鸣未免似野鹤，生意欲尽如枯株。

临安宫阙经营初，银鞍日日醉西湖。

不须细数旧酒徒，当时儿童今亦无！

南宋诗人陆游的《老叹》表达了对岁月流逝的慨叹。想到自己年近老迈，不能再为国家效忠，感到悲叹。而南宋朝廷建国之初的歌舞升平又浮现在眼前，表现了作者对国家命运和前途的担忧与无奈。

　　毕竟西湖六月中，风光不与四时同。

　　接天莲叶无穷碧，映日荷花别样红。

　　南宋诗人杨万里的《晓出净慈寺送林子方》抓住了夏日西湖的荷花一景。在描写荷花时，以天来衬托，以日来增色。背景广阔、气势浩大。全诗色彩鲜明，清新秀丽，诗中有画，在描绘六月西湖荷花之景的同时，流露出诗人陶醉于大自然美景的情趣。

杨万里塑像

　　山外青山楼外楼，西湖歌舞几时休？

　　暖风熏得游人醉，直把杭州作汴州。

　　南宋诗人林升的这首《题临安邸》流传广泛，言简意赅地刻画了南宋统治者偏安江南、终日歌舞享乐的景象。包含着作者对南宋小朝廷苟且偷安、忘记国恨家仇的强烈不满和辛辣的讽刺。

　　听梅花再弄。残酒醒，无寐寒衾愁拥。凄凉谁与共。谩赢得，别恨离怀千种。拂墙树动。更晓来、云阴雨重。对伤心好景，回首旧游，恍然如梦。欢纵。

　　西湖曾是，画舫争驰，绣鞍双控。归

远望雷峰塔

来夜中。要银烛，卸金凤。到而今，谁拈花枝同载，谁酌酒杯笑捧。但逢花对酒，空祗自歌自送。

南宋词人杨无咎的这首《瑞鹤仙》将西湖热闹纷繁的过去与现在的冷清相对比。加之结合自己的情感和体验，有一种今非昔比的感觉。整首词蕴涵着哀愁和怅然的思想感情。一切繁华和热闹只是过往，到最后剩下的只有平淡和孤独。

日日过西湖，冷浸一天寒玉。山色虽言如画，想画时难邈。

前弦后管夹歌钟，才断又重续。相次藕花开也，几兰舟飞逐。

南宋著名词人辛弃疾的这首《好事近》写的是杭州西湖的景致。词的上片写的是西湖风光的宜人，对西湖看似很了解了，可真正动笔画的时候还是掌握不好。下片写的是人们游湖的盛况，岸上湖中都热闹非凡，表现了在美丽的自然风光下人们一片热闹欢腾的场景。

四 西湖的秀丽风光

西湖十景之"苏堤春晓"

杭州有着秀美的自然风光和丰富的历史文化内涵。这样一座城市，孕育了古老的文明。这样一座城市，凝聚了大自然的鬼斧神工和前人独具匠心的创造。杭州的名胜古迹众多，可以说每一处景致都令世人惊喜和赞叹。而其中，西湖却以其独特的魅力和价值吸引着大家的目光。说到杭州就不能不提到西湖，杭州之美，最美可能就在于西湖的风光了。西湖像一名豆蔻年华的女子，温婉而动人，细致而娇媚，让人不由自主地心生爱怜。

（一）西湖十景

西湖十景代表了古代西湖胜景的精华。十景最初形成于南宋时期，清代康熙年间对其名

称进行了细微的改动。西湖十景基本围绕着西湖分布,有的就位于西湖之上。这十景分别是苏堤春晓、曲院风荷、平湖秋月、断桥残雪、柳浪闻莺、花港观鱼、雷峰夕照、双峰插云、南屏晚钟、三潭印月。古往今来,它们一直是杭州西湖的金字招牌。

1. 苏堤春晓

苏堤春晓是西湖十景之首。苏堤代表了苏轼在杭州期间的主要政绩,而对它的命名也体现了当地百姓对苏轼为政的肯定以及对他的怀念与爱戴。苏轼担任杭州太守时,大力疏浚西湖。并将从湖底挖出的葑草和淤泥筑成一条贯通西湖南北的长堤。后人为了纪念苏轼治理西湖的功绩而将其命名为"苏公

杭州西湖苏堤石碑

両朝古都杭州

堤"，俗称"苏堤"。

苏堤全长近三公里，是一条瑰丽的"横绝天汉"的湖上通道，给西湖增添了一道妩媚的风景线。春天一到，夹岸的杨柳和缤纷的桃花与碧波荡漾的西湖水相互映衬，好像经过了寒冬的沉睡而刚刚苏醒的美人。尤其是晨曦初露之时，更是给人一种清新而惬意的感觉。苏堤之上共有六座桥，自北向南依次是跨虹桥、东浦桥、压堤桥、望山桥、锁澜桥、映波桥。

西湖十景之"曲院风荷"石碑

2. 曲院风荷

"曲院"原本是南宋朝廷开设的酿酒作坊，濒临着当时的西湖湖岸，位于今天的灵隐路洪春桥附近。近岸的湖面种植着大量的荷花，夏日一到，随着微风的吹拂，荷香与酒香四处飘散，使人沉醉其中。后来曲院逐渐衰落和荒废了，清代康熙皇帝题名西湖十景后，在苏堤跨虹桥畔修建了曲院风荷景的碑亭。而留存下来的，不过是一处很小的庭院前的一小片荷花。

曲院风荷的主题是观荷，这里拥有众多品种的荷花。红莲、白莲、洒金莲、并蒂莲、重台莲等荷花名品各具特色，云集于此。而夏日观荷尤其引人注目，夏天一到，荷花竞相开放，莲叶田田，菡萏妖娆。可以说，夏日赏荷给人们带来了极大的乐趣。

3.平湖秋月

平湖秋月景区濒临外西湖，位于孤山与白堤相交接的地方。唐朝时，这里是望湖亭，宋朝时，望湖亭迁移到了宝石山。这里一直就有着"四面玲珑，夏饮最快"的称誉，南宋时，"平湖秋月"更是被列为西湖十景之首。

现在的平湖秋月的景址是康熙三十八年以后确定下来的。这一景致的最美之处在于八月十五的中秋月圆之夜，其时皓月当空，金风送爽，水月相融，充满了诗情画意。人在此时也仿佛融入了山水美景中，变成了大

西湖十景之"平湖秋月"

两朝古都杭州

自然的一部分。

4. 断桥残雪

断桥可以说是西湖上最为著名的一座桥，它是西湖的三大情人桥之一（另外两座是西泠桥和长桥）。提到断桥，相信每个人最先想到的都是我国著名的民间故事《白蛇传》中白娘子与许仙缠绵悱恻而又悲怆动人的爱情故事。他们在这里相遇、相识的故事早已传为了一段千古佳话，而断桥也因此被人们赋予了希求爱情永恒美好的意义。

断桥残雪是冬季西湖的一道著名的景观。断桥界于外西湖和里西湖之间，视野开阔，是冬季观赏雪景的最佳场所。瑞雪初晴

西湖十景之"断桥残雪"

西湖的秀丽风光

西湖岸边杨柳依依

时，于宝石山上观赏。向桥的阳面望去，"雪残桥断"。而北面则是"断桥不断"，构成了一道奇妙的风景。

5. 柳浪闻莺

柳浪闻莺的景致位于西湖的东南岸，约占地21公顷。它原是南宋皇帝的御花园聚景园的所在地，其中有殿堂亭阁和石桥等。而石桥中有叫做学士桥、柳浪桥的，因此有了"柳浪闻莺"这一名称。

每到阳春三月，万物复苏。柳树争相展露着自己柔嫩的枝条，一片生机盎然的景象。由于柳树众多，这里也被称作"柳洲"。各种鸟儿飞舞其中，争相发出悦耳的鸣叫声，

西湖十景之"柳浪闻莺"石碑亭

两朝古都杭州

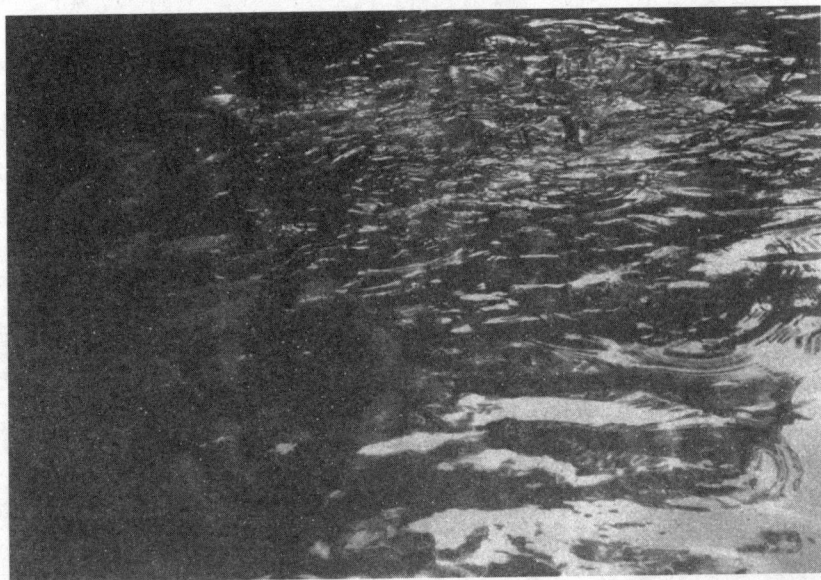

"柳浪闻莺"名不虚传。

6. 花港观鱼

花港观鱼的景点南靠苏堤，北接西山。它的旧址在苏堤的望山桥下，水流源自花家山，这条溪水由此得名，叫做花港。根据南宋的《武林旧事》记载，宋朝内侍卢允升曾经在花港建筑别墅，凿池引水，搜集了数十种奇异的鱼在其中放养。后来游人汇集于此，又有雅士为其题词，将其称为"花港观鱼"。乾隆皇帝下江南游西湖时，见到此景，曾题有诗句"花家山下流花港，花著鱼身鱼嗫花"。

今天的花港观鱼是一座占地二十多公顷的大型公园，全园可以分为五个景区，分别是鱼

西湖十景之"雷峰夕照"

池、牡丹园、花港、大草坪、密林。

7. 雷峰夕照

雷峰是南屏山向北延伸的支脉，在西湖的南岸，位于净慈寺前。峰顶原来有一座雷峰塔，夕阳西下的时候，这座塔身披一身的金彩，十分耀人眼目，这就是雷峰夕照之景的由来。南宋时，它被称作"雷峰落照"。清朝康熙皇帝将其改称"雷峰西照"，但是都没有如今的"雷峰夕照"这一名称有韵味。

相传白娘子就是被法海压在了这座塔下二十年，所以广大的百姓对这座塔是有怨恨和反对的情绪的。我国现当代文学巨擘鲁迅先生有一篇著名的文章叫做《论雷峰塔的倒掉》，就反映了塔倒掉的大快人心。现在，山上种植了大量的观赏树木，在落日余晖的掩映下，依然美丽怡人。

8. 双峰插云

双峰指的是南山与北山的南高峰和北高峰，相去十余里，雄峙于西湖的南北。原来南北二山的山顶都建有佛塔，两塔遥相呼应，高于群峰之上。春秋佳日对之进行观赏，在风云际会之时，只见塔尖高耸入云，时隐时现，远望时气势更是非同一

西湖十景之"双峰插云"

西湖的秀丽风光

南屏晚钟得名于南屏山上净慈寺钟楼的晚钟声

般。南宋诗人王洧有《两峰插云》一诗（"两峰插云"就是今天的"双峰插云"）："浮图对立晓崔巍，积翠浮空霁霭迷。试向凤凰山上望，南高天近北烟低。"

双峰插云的观赏地点和观赏方式虽然有过很多的变化，但是对南高峰和北高峰的评价却没有改变。至今，两座山峰仍然吸引着众多的游人。

9. 南屏晚钟

南屏晚钟得名于南屏山上净慈寺钟楼的晚钟声。南屏山横陈于西湖的南岸，山体虽然不算高，横向却延伸至千余里。南屏山一

带的山岭由石灰岩构成，山体多孔穴，山峰的岩壁又像一道道屏障一样。每当寺院的晚钟敲响时，钟声的震荡频率就会传到山上。岩石、洞穴等加速了声波的震动，振幅在急剧增大后形成共振。岩石和洞穴等又起到了音箱的作用，增强了共鸣。同时，钟声还以相同的频率传向西湖的上空，直到西湖的彼岸。碰到对岸由火成岩构成

西湖十景之"三潭印月"

的葛岭后，更是产生了回音。

晚钟声由于周围的自然环境而被放大，形成了一道独特的景致。

10. 三潭印月

三潭印月岛又叫小瀛洲，与湖心亭和阮公墩合称为湖上三岛。三潭印月岛岛中有湖、湖中有岛，这种特色不仅在西湖十景中别具

西湖湖心亭

一格，更是我国江南水上园林的经典之作。

明朝万历三十四年（1606 年），钱塘县令用湖中取出的葑泥在岛周围修筑堤坝，初步形成了湖中湖，作为放生的场所。后人在岛南的湖内建了三座瓶型的小石塔，这就是"三潭"。

　　每到中秋之夜，明月当空。人们喜欢

西湖十景之"三潭印月"

在石塔的圆洞里点上蜡烛，并把洞口糊上薄纸。水里便会映出好多个小月亮，月照塔，塔映月，潭里月印月，景色十分绮丽。这就是著名的"三潭印月"。

（二）西湖新十景

西湖新十景又被称为"新西湖十景"，它们是 1985 年 9 月由杭州市园林文物管理局确立的西湖新的十处景致。这十个景点是由全国十万余人经过一年左右的时间在7400多处西湖景点中遴选出来的。它们分别是云栖竹径、满陇桂雨、虎跑梦泉、龙井问茶、九溪烟树、吴山天风、阮墩环碧、黄龙吐翠、玉皇飞云、宝石流霞。

1. 云栖竹径

云栖竹径位于西湖的西南，钱塘江北岸，五云山云栖坞里。旧传由于地理环境特殊，五云山上的五彩祥云经常飞集坞中栖留，并经久不散，称为"云栖"。这里竹林满坡，以竹景清幽而著称于世。

云栖竹径的四季都有画的韵味。春天，破土竹笋、枝梢新芽，一片盎然生机；夏日，老竹新篁，丝丝凉意；秋天，黄叶绕地，古木含情；冬日，林寂鸣静，飞鸟啄雪。云栖竹径以清凉和幽静而著称于世，它是人们盛夏时节避暑的好去处。

2. 满陇桂雨

"满陇"又称"满觉陇"，位于西湖的西南、南高峰与白鹤峰夹峙下的自然村落中。由于桂花是杭州的市花，所以来西湖秋游时，白天的主要内容是赏桂花，晚上的主要内容是赏月。而满陇是欣赏桂花

西湖新十景之"云栖竹径"

的最佳去处。

满陇沿途的山道边种植有七千多株桂花，其中有四季桂、丹桂、金桂、银桂等品种。每当秋天到来时，桂花纷纷盛开，香飘数里，沁人心脾，"满陇桂雨"由此得名。当地的人们更是就地取材，以桂花为特产，制作糖桂花和桂花栗子糕等甜点招待游人。

3. 虎跑梦泉

虎跑泉是杭州的名泉之一，水质纯净清澈而又甘冽醇厚，它与龙井茶叶并称为"西湖双绝"。郭沫若曾以诗句"虎去泉犹在，客来茶甚甘"赞美虎跑泉的水。传说此地本无水源，有两只老虎跑到这里，并在地上刨

西湖新十景之"虎跑梦泉"

出了一个坑，于是清泉出现了。由于是这两只老虎发现了底下的泉水，所以此泉被称为"虎跑泉"。

虎跑泉水具有较大的分子密度和表面张力，将硬币放入盛满水的杯子中可以发现它一直浮在水面上而不下沉。更神奇的是，即使盛水时水面高出杯口三毫米，水也不会向外溢出。在虎跑泉观泉、听泉、品泉，其乐无穷。

4. 龙井问茶

龙井，位于西湖西面竹茂林密的风篁岭上，本名龙泓，又名龙井、龙湫，以泉名井。它与虎跑泉和玉泉并称为西湖的三

西湖新十景之"龙井问茶"

西湖的秀丽风光

据说用小棒搅动泉水，水面便会呈现出游龙般的奇异现象

大名泉。

苏轼曾以诗句"人言山佳水亦佳，下有万苦蛟龙潭"赞美这里的水，也由于这两句诗，这里被称为"龙井"。西湖的茶叶有龙（井）、云（栖）、虎（跑）、狮（峰）的分别，而其中尤以狮峰和龙井的茶为最妙。其中的奥妙，只有去龙井品茗问茶才可以领悟，因此有"龙井问茶"的说法。龙井泉有一个地方很是奇特，当用一根小棒搅动井内的泉水时，水面会出现一条蠕动的分水线，仿佛游龙一般，而这种现象在雨天时尤为突出。据说这是地面水和地下泉水相互冲撞产

生的结果。这一奇异的自然现象，为游人
增加了很多的乐趣。

5.九溪烟树

　　九溪烟树距离西湖十余公里，在烟岭
峡以南。这里的水有两处源头，一处是龙
井的狮子峰，一处是瓮家山的杨梅岭。向
南流淌，会合青弯、宏法、渚头、方家、佛石、
云栖、百丈、唐家、小康九坞之水，曲折地
到达徐村而流入钱塘江，因此被称为九溪。
这九条溪水，穿林绕麓，不知汇合了多少
细流，所以又有"十八涧"的名称。九溪
十八涧以"小径屈曲，峰峦夹峙，涧泉淙淙，

九溪烟树瀑布

西湖的秀丽风光

篁楠交翠"而著称于世，是西湖西部的一处胜景。

这里林翳葱茏，林溪相映，山岚如烟，泉石增辉。加之1986年又在此处修建了人工瀑布，使得秀树带雾，满谷迷蒙，更有"烟树"之趣。

6. 吴山天风

吴山天风位于西湖的东南，它由宝月、娥眉、浅山、紫阳、七宝、云居等高不过百米的小山组成。古时渔民下海捕鱼后在这里晒网，所以被称为"晾网山"。春秋时期被称为吴山。又因为山上有伍子胥庙，所以被称为胥山或伍山。唐时多称作青山。旧因有

西湖新十景之"吴山天风"

城隍庙，俗称城隍山。山巅"江湖汇观亭"前的楹联沿用明人徐文长的题词"八百里湖山，知是何年图画。十万家烟火，尽归此处楼台"，这充分点明了"吴山天风"的意境。

吴山天风以紫阳山的"十二生肖石"为最奇，以云居山为最高。景区多清泉古树、奇岩怪石，此外还有很多的祠庙遗址和名人遗迹。

7. 阮墩环碧

阮墩环碧是位于西湖中的一座绿色的小岛，它是清嘉庆年间，浙江巡抚阮元在疏浚西湖时命令民工用挖出的十万四千多吨淤泥堆积而成的。人们为了纪念阮元治理西湖的

西湖的秀丽风光

西湖新十景之"黄龙吐翠"

功绩，将这个小岛命名为"阮公墩"。

阮公墩的泥土比较松软，不适合修建大型的建筑，因此一直荒废了很长的时间。1982 年，杭州政府为了开发旅游资源，在这里增加了一千多吨泥土并且对之进行了加固，开辟了一处水上园林。岛上别具特色的是仿古游，夏秋之夜，身着古装的侍女轻歌曼舞，游人在这里可以感受到古人的生活情趣，别有一番滋味。

8. 黄龙吐翠

黄龙洞位于西湖北山栖霞岭的北麓，南宋以来这里就因为是祀龙点而享有盛名。清代杭州二十四景中的"黄龙积翠"指的就是今天的"黄龙吐翠"。

黄龙洞的主景区是一池碧水，有亭台和假山环绕。绕过池水，对面的危岩上露出一只鼓目、掀鼻、张口、翘须的黄色大龙头雕塑。龙嘴中吐出清泉，注入水池中。在清泉入池的地方有一块巨石，两面分别镌刻着唐代诗人刘禹锡《陋室铭》中的名句"水不在深，有龙则灵"。这两句诗很好地点明了这处景观的主题。黄龙洞的竹景历史悠久，竹径通幽又是它的一绝。可以说，宁静的黄龙洞到处洋溢着苍翠的绿色生机，故此名为"黄龙吐翠"。

9. 玉皇飞云

玉皇山位于西湖以南,五代时在吴越国统治时期被称作"育王山"。明代在此建立了福星观,尊祀玉皇大帝,所以名称被改为"玉皇山"。玉皇山海拔二百三十多米,耸立在西湖与钱塘江之间。它与东侧的凤凰山相连,气势可比龙飞凤舞。晋代的郭璞曾有诗句赞美这一景致:"天目山垂两乳长,龙飞凤舞到钱塘。"

在蓝天白云的掩映下,玉皇山显得十分巍峨。尤其是风起云涌之时,伫立于山顶的登云阁,可以感觉到时有云雾扑面而

西湖新十景之"玉皇飞云"

西湖的秀丽风光

西湖新十景之"宝石流霞"

来。湖山空阔，江天浩瀚，豪气逼人，这种景象就被称作"玉皇飞云"。

10. 宝石流霞

葛岭与宝石山的景色十分奇特，格外引人注目。由于它们的山体由侏罗系凝灰岩构成，而其中最多见的是熔结凝灰岩。所以岩体中有许多闪闪发亮的红色小石子，这里的山岩就呈现出了赭红色。每当阳光映照的时候，尤其是太阳初升和太阳落山之际的日光照射到这里的时候，满山仿佛有一颗颗的宝石在熠熠生辉，宝石山也因此而得名。

葛岭和宝石山是西湖的北屏，从断桥或是白堤上向北望去，它们仿佛是一件放大了的水石盆景，特别漂亮和壮观。

五 杭州的特产

杭州的丝绸历史十分悠久

众所周知，杭州是一座远近闻名的旅游城市，它以美丽的自然风光吸引着众多的游人前来观赏游玩。而杭州又是一座有着很多特产的城市，无论是西湖龙井茶、西湖藕粉，还是杭州的丝绸和织锦都享誉全国，成为杭州的又一绝。杭州的特产驰名全国，众多的游客在游山玩水之余都会选择带回杭州的几样特产给亲戚朋友。可以说，杭州的特产也推动着杭州旅游的发展。

（一）杭州丝绸

杭州素来就有"丝绸之府"的美称。杭州的丝绸历史悠久，源远流长，距今 4700

多年的良渚文化的出土丝织物就证实了杭州丝绸的历史之久。而唐代诗人白居易的诗句"丝袖织绫夸柿蒂，青旗沽酒趁梨花"更是证实了杭州丝绸的技艺之高超。历史之久、技艺之高超精妙是杭州丝绸两个重要的特点。

著名的杭州丝绸博物馆向我们展示了丝绸的发展历史和各种高超的生产技术，它也是世界上最大的丝绸博物馆。在这里，我们可以真切地感受到杭州丝绸的起步和发展，以及它的辉煌与成就。如今的杭州丝绸有14大类，200多个品种，2000多个花色，可

杭州丝绸博物馆

杭州的特产

谓是种类繁多而丰富。杭州的丝绸富丽华贵、图景新颖、绣工考究，人物则栩栩如生，花卉植物则层次分明。精湛的技艺和优良的质量使得杭州的丝绸远近闻名。这些织物或是薄如蝉翼，或是雍容华贵，或是轻柔飘逸，或是富丽堂皇，其中的许多产品都获得过国家级的奖项。

杭州的丝绸远销全世界100多个国家和地区，深受各地人们的喜爱和好评。

（二）西湖龙井茶

西湖龙井茶驰名海内外，为我国十大名茶之首，历史上曾被列为贡品而进贡朝廷。

西湖龙井茶驰名海内外

两朝古都杭州

西湖龙井茶以色绿、香郁、味甘、形美等特点闻名于世

它由于产于西湖乡龙井村而得名，以色绿、香郁、味甘、形美"四绝"而闻名于世。

杭州西湖龙井村的周围群山环绕，降雨量充沛，气候温和湿润，土壤呈酸性，这些特征使得这片土地特别适宜于茶叶的种植，满足了茶树生长所需要的"天时地利"的环境。西湖龙井茶的采制已经有一千二百多年的历史，宋朝时已被列为贡茶。清朝乾隆皇帝下江南时，曾经在狮峰山下的胡公庙品饮过西湖龙井茶，并且对之赞不绝口，给予了很高的评价。

每年春天一到，茶农分四次按档次采摘青的茶叶。清明前三天采摘的称为"明前

西湖龙井茶园

茶"。这时的茶叶刚刚发出嫩芽，如同莲心，所以又叫"莲心茶"，一斤干茶大约需要三万六千颗嫩芽方可炒制成，是西湖龙井茶中的珍品。清明后到谷雨前采摘的叫"雨前茶"，这时，茶柄上长出一片小叶，形状似旗，茶芽稍长，形状似枪，所以又被称为"旗枪"。立夏时采摘的叫"雀舌"，再过一个月采摘的被称作"梗片"。采摘的时间越靠前，茶的品质越好，价钱也就越高。

西湖龙井茶不仅口味香醇，更是养生保健的佳品。经常饮用，有助于保持身体健康。

（三）西湖藕粉

西湖藕粉是杭州的名产，也是藕粉中最

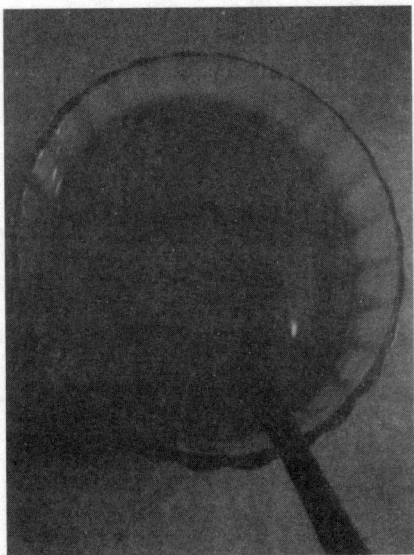

为著名的一种，历史上曾经作为贡品供皇室享用。虽然名称叫做西湖藕粉，但是产地却不是西湖。西湖藕粉主要产于杭州艮山门外至余杭县塘栖一带，以余杭县沾桥乡三家村产的最负盛名，因此西湖藕粉又被称为"三家村藕粉"。

三家村藕粉出自余杭崇贤镇三家村及其周围数十里藕乡，历史悠久。三家村种植着多达19种的荷藕，这些藕孔小、肉厚、味甜、醇香，而其中尤以尖头白荷加工的藕粉为最佳。每担鲜藕可以制成十斤的藕粉，藕粉的加工须经过洗藕、磨藕、过滤、沉淀、干燥等过程。由于选料严格，加工讲究，西湖藕

三家村藕粉

西湖藕粉

粉的质量往往好于其他地方的产品。西湖藕粉呈薄片状，质地细腻，白里透红。经冲泡后，香气四溢，晶莹透明，清新可口，如能加之以桂花糖则味道更好。西湖藕粉不仅可以充饥，更是滋补的佳品。它除含淀粉、葡萄糖、蛋白质以外，还含有钙、铁、磷以及多种维生素，营养丰富，特别适合老幼病弱者食用。藕粉既有助于消化，又有清热、生津、开胃、滋阴、润肺和养血的功效。

目前，西湖藕粉已成为招待宾客和馈赠亲友的珍品，畅销全国并出品东南亚各国。

杭州织锦

（四）杭州织锦

杭州的丝织业自古以来就很发达。五代时就已出现了官营丝织手工业，南宋时，杭州更是成为了全国丝织业的中心。当时的官营锦院规模庞大，不论是机器还是织工数量都很多，而当时民营的丝织作坊也开始兴起。明清两代，杭州的织锦由于技艺精巧而闻名全国。

1922 年实业家都锦生在杭州创办了都锦生丝织厂，现在蜚声海内外的杭州织锦都是由都锦生丝织厂生产的。早在 1926 年，该厂所织的一幅五彩丝织风景画就获得美国费城国际博览会金奖，为杭州更为我国争得了荣

杭州织锦素有"东方艺术之花"的美誉

誉。现在织锦的种类主要有装饰织锦、风景织锦和丝织人像三大类。都锦生织锦由于运用了纹工技术表现摄影、绘画艺术而独具特色。织锦的主要产品有风景画、人像、台毯、靠垫、床罩、窗帘以及衣料，产品富丽堂皇，雍容华贵，既适用于客厅和卧室的装饰又具有很好的实用性。人像和风景类织锦多以中国古代绘画或摄影作品为蓝本，尤以西湖风景为代表，分黑白、彩色两种。黑白像景以白色真丝为经线，黑白两色人造丝作纬线。通过纹样组织变化，表现水光山色、雾雨阴晴，呈现出中国水墨画的艺术效果。其中的优秀作品有《江山万里图》《丝绸之源》等。

杭州织锦享有"东方艺术之花"的美誉，如今，产品已经出口到全世界八十多个国家和地区。

（五）张小泉剪刀

张小泉剪刀是我国手工业的著名品牌，距今已有三百多年的历史。它和孔凤春的"杭粉"、王星记的"杭扇"、都锦生的"杭锦"、宓大昌的"杭烟"一起并称为"五杭"，享誉海内外。张小泉剪刀在乾隆年间被列为贡品，近代，张小泉剪刀于1910年在南洋劝业会上和 1915 年巴拿马赛会上分别获得银奖和四等奖，并于 1926 年获得美国费城世博会的银奖，赢得了很高的荣誉。

张小泉剪刀以传统的民用剪刀起家，它有信花、山郎、五虎、圆头、长头五种款式可供选择。并以镶钢均匀、钢铁分明、磨工精细、刃口锋利、销钉牢固、开合和顺、式样精巧、刻花新颖、经久耐用、物美价廉这十大特点称雄于制剪业。1966 年，著名的剧作家田汉走访张小泉剪刀厂时曾作有一诗对其品牌进行赞美："快似风走润如油，钢铁分明品种稠。裁剪江山成锦绣，杭州何止如并州。"这也足见大家对这一

张小泉剪刀是我国手工业的著名品牌

品牌的肯定与赞赏。

如今的张小泉剪刀已经成为了我国剪刀行业中的龙头和代表品牌，它的产量最大、品种最全、销路最广、质量最好，其剪刀的镶钢锻打技艺和剪刀表面的手工刻花技艺也一直流传至今，并仍是该品牌的一大特色。2006 年 5 月 20 日，张小泉剪刀锻制技艺经国务院批准被列入第一批国家级非物质文化遗产名录。

（六）王兴记扇子

杭扇历史悠久，制作技艺精良，是我国著名的传统产品。自古以来，民间就流传着"杭州雅扇"的说法。南宋朝廷在此建都以后，

杭扇制作技艺精巧

王兴记扇面装饰精美

不少制扇的艺人汇集到杭州，杭扇的买卖更加兴旺。到了清代，经营纸扇买卖的人更多了。当时，杭州的扇子与丝绸、西湖龙井茶齐名，并称为"杭州三绝"。

清光绪元年（1875 年）王星斋创办了王星记扇庄，店内的扇子以做工考究而驰名全国。王星斋首创并制作的黑纸扇被作为贡品送入宫廷，并且在意大利、巴拿马和西湖

精美的杭扇

万国博览会上屡次获奖，美名远扬。如今杭州王星记扇厂的前身就是王星记扇庄，而作为百年老店的王星记扇厂已经成为我国制扇行业中的佼佼者，由于生产的扇子产量大、花色品种多、制作工艺精巧细致而被称为"扇子王国"。

王星记扇的扇面装饰精美，内容丰富多彩。他们经常请来艺坛名家来题诗作画，同时该厂的数十名书画艺人潜心研究扇面的书画艺术，手法娴熟，技艺精湛，无论是绘制神话故事、人物形态、名胜风光、曲溪流水、峰峦叠石、村舍楼阁、名花异草还是瑞鸟珍禽都栩栩如生、层次分明。而从书法方面来说，更是各种字体俱全，体现了高超的技艺和完美的书画手法。

（七）杭州绸伞

杭州绸伞又称"西湖绸伞"，是杭州独具特色的工艺品。既有很强的观赏价值，又可遮阳挡雨，装点生活。

杭州绸伞与众不同的特点在于伞骨和伞面的用料与材质。绸伞的伞骨由竹子制成，采用的是浙江余杭、奉化、德清等地所产的淡竹，经由多道工序加工而成，每把绸伞有伞骨 36 只。伞面由绸、纱、绢等制成，薄如蝉翼，有玫瑰红、淡黄等十

杭州绸伞

杭州绸伞制作精美，携带方便

余种颜色可供选择。伞柄由坚硬的木材制成，状似花瓶，下面还结有流苏，细节接近完美，手感舒适。伞顶多是由硬木制成的三潭印月的小塔状造型，极具地方特色。绸伞的伞面图案丰富多彩，既有刷绘的平湖秋月、三潭印月等西湖的名胜，也有手工彩绘的花鸟和侍女等图样。每一个伞面都向我们展现了杭州的一面，从小小的伞面上，我们也可以静静地体会到杭州带给我们的温和与惬意。不仅如此，伞面还可以折叠和收拢。由于伞面上贴有篾青，收拢以后，一把把伞宛若一个个竹筒，清新淡雅，富有浓郁的江南气息。

杭州绸伞制作精美、技艺精湛、携带方

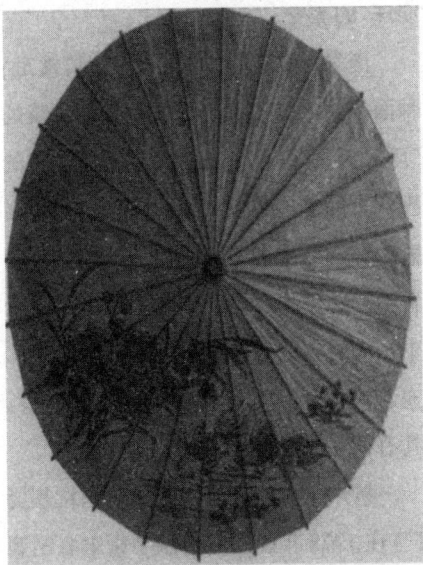

便、轻巧悦目，有着"西湖之花"的美称。
而考究的选料和外形的美观也使它成为了
观赏和收藏的珍品，更是馈赠亲友之佳品。

（八）仿南宋官窑青瓷

南宋的官窑位于杭州的凤凰山下，专门
为南宋的皇室烧制瓷器制品。南宋官窑居于
我国古代五大名窑之首，具有极高的地位，
南宋官窑青瓷代表了我国古瓷中青瓷的最
高水平。南宋王朝覆灭以后，官窑被毁掉，
而众多的工匠也都失散了。现在保存下来
的南宋官窑青瓷品不足百件，并且散落在
世界各地。由于数量稀少，往往价值连城，
享有"瓷器明珠"的美誉。

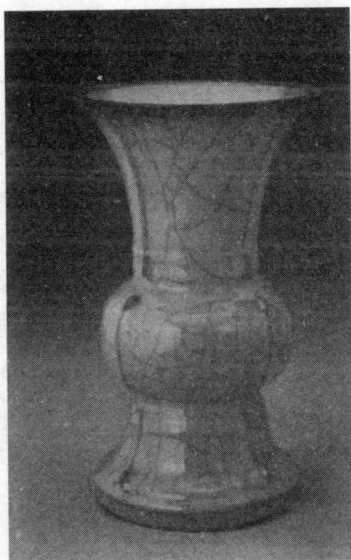

南宋官窑青瓷尊

南宋官窑青瓷薄胎厚釉、紫口铁足、釉面开片，而近乎完美的造型和独特的"雨过天青"的釉色也给人带来了极大的视觉上的美感和满足。现在，我们只能在博物馆的橱窗里看到还存世的南宋官窑青瓷。由于稀少的数量和极高的工艺水平，南宋官窑青瓷成为国内外博物馆的宠儿，并受到陶瓷爱好者的追捧和喜爱，具有很高的观赏和收藏价值。

杭州民生陶瓷有限公司（原杭州瓷厂）在1978年成功地仿制了南宋官窑青瓷，这项生产技术获得了国家发明奖和国家重大科技成果奖。仿南宋官窑青瓷并没有因为是仿

南宋官窑青瓷茶具

制品而大为逊色，相反，它在继承和发扬传统技艺的同时又融合了现代的创意和观念，使产品既有对古代工艺的传承又有现代的创新，为青瓷注入了一丝新的活力。成功仿制的南宋官窑青瓷再现了胎薄釉厚、澄泥为范、釉光内蕴、文武开片、紫口铁足、古朴幽雅等众多的真品的特点，并多次成为馈赠外国元首和国际友人的指定用品，享有极高的荣誉。

（九）西湖莼菜

西湖莼菜又叫做水莲叶、马蹄草，主要产于西湖。它是一种多年生水草，叶子呈椭圆形，浮生在水面。开暗红色的小花，茎和

西湖莼菜

西湖莼菜

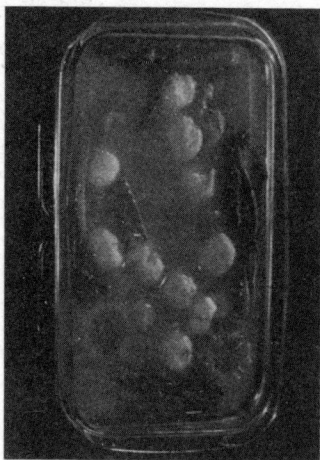
西湖莼菜具有很高的营养价值

叶的表面都有黏液。西湖莼菜在很早以前就是一种珍贵的水生食品，《晋书》将莼菜与鲈鱼并提，有"莼羹鲈脍"的说法，而作为成语的"莼鲈之思"正是借"莼羹鲈脍"的美味表达了浓厚的思乡之情，从中我们可以看到人们对西湖莼菜美味的肯定。

西湖莼菜的种植在当地有着很长的历史，明代的《西湖游览志》中就提到过莼菜的种植。在当地，除了伏天和结冰期以外，一年的任何时候都可以种植西湖莼菜，种植时一般要选择水深一米左右、排灌方便、水质肥沃的池塘或者内湖栽种。每年的五月初到十月底是西湖莼菜的采摘期，五月中旬到七月中旬的西湖莼菜不但鲜嫩、茎叶肥壮，而且蛋白质含量很高，这期间采摘下来的西湖莼菜的质量是最好的。采摘下来的西湖莼菜经过加工，可以进行长时间的保存。新鲜的可以用于制作虾仁拌莼菜、莼菜黄鱼羹、西湖莼菜汤等杭州名菜，这些菜都是非常著名的美味。

西湖莼菜不仅吃起来清香、鲜嫩，而且具有很高的营养价值。西湖莼菜含有丰富的蛋白质、维生素以及少量的铁质，长期食用，具有强身和防癌的功效。

两朝古都杭州